AF284822

colegio - skole	2
viaje - rejse	5
transporte - transport	8
ciudad - by	10
paisaje - landskab	14
restaurante - restaurant	17
supermercado - supermarked	20
bebidas - drikkevarer	22
comida - mad	23
granja - bondegård	27
casa - hus	31
living - stue	33
cocina - køkken	35
baño - badeværelse	38
cuarto de los chicos - børneværelse	42
ropa - tøj	44
oficina - kontor	49
economía - økonomi	51
ocupaciones - erhverv	53
herramientas - værktøj	56
instrumentos musicales - musikinstrumenter	57
zoológico - zoo	59
deportes - sport	62
actividades - aktiviteter	63
familia - familie	67
cuerpo - krop	68
hospital - sygehus	72
emergencia - nødstilfælde	76
Tierra - Jorden	77
reloj - ur	79
semana - uge	80
año - år	81
formas - former	83
colores - farver	84
opuestos - modsætninger	85
números - tal	88
idiomas - sprog	90
quién / qué / cómo - hvem / hvad / hvordan	91
dónde - hvor	92

Impressum
Verlag: BABADADA GmbH, Nedderfeld 112 , 22529 Hamburg
Geschäftsführer / Verlagsleitung: Harald Hof
Druck: Books on Demand GmbH, In de Tarpen 42, 22848 Norderstedt

Imprint
Publisher: BABADADA GmbH, Nedderfeld 112 , 22529 Hamburg, Germany
Managing Director / Publishing direction: Harald Hof
Print: Books on Demand GmbH, In de Tarpen 42, 22848 Norderstedt

colegio
skole

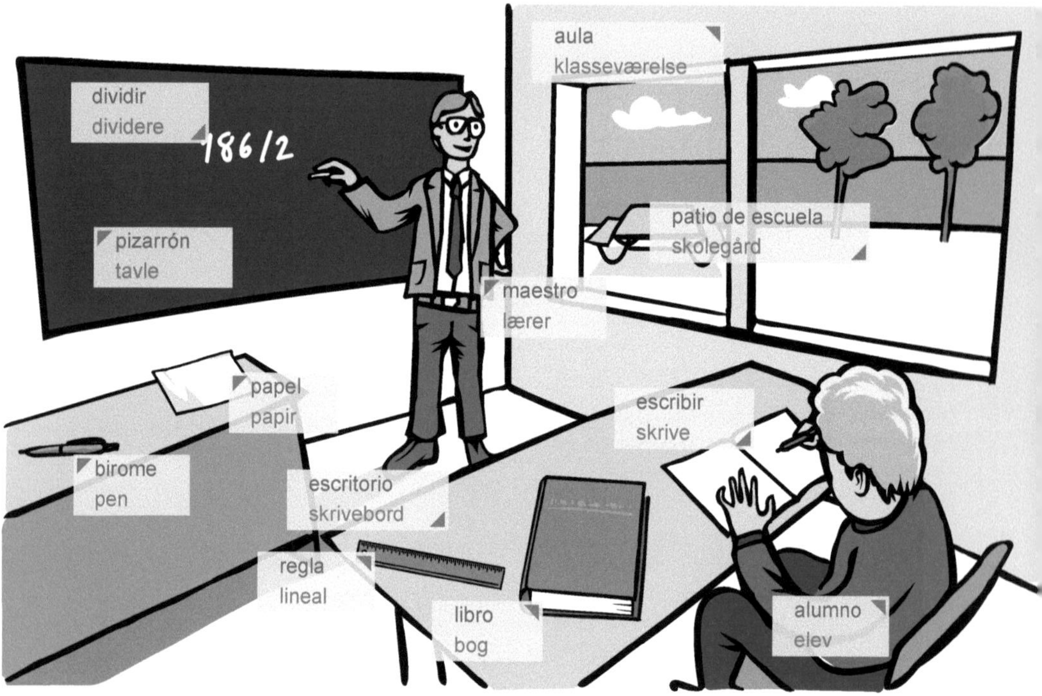
aula
klasseværelse
dividir
dividere
186/2
pizarrón
tavle
patio de escuela
skolegård
maestro
lærer
papel
papir
escribir
skrive
birome
pen
escritorio
skrivebord
regla
lineal
libro
bog
alumno
elev

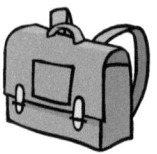

mochila

skoletaske

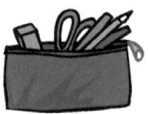

caja de lápices

penalhus

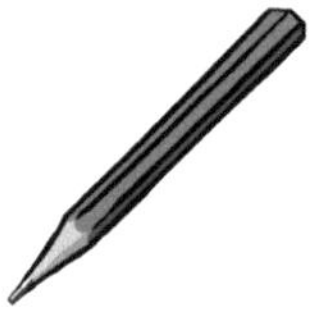

lápiz

blyant

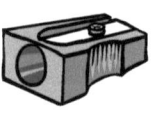

sacapuntas

blyantspidser

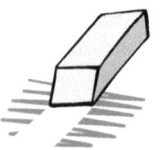

goma (de borrar)

viskelæder

bloc de dibujo

tegneblok

dibujo
tegning

pincel
pensel

caja de pinturas
æske med vandfarver

tijera
saks

pegamento
lim

cuaderno de ejercicios
opgavehefte

tarea
lektie

número
tal

sumar
addere

restar
subtrahere

multiplicar
multiplicere

calcular
regne

letra
bogstav

abecedario
alfabet

palabra
ord

texto

tekst

leer

læse

tiza

kridt

lección

time

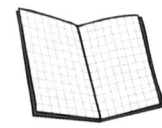

cuaderno de clase

klasseprotokol

examen

eksamen

certificado

karakterbog

uniforme escolar

skoleuniform

educación

uddannelse

enciclopedia

leksikon

universidad

universitet

microscopio

mikroskop

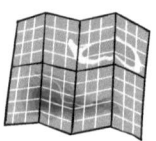

mapa

kort

tacho (de basura)

papirkurv

viaje
rejse

hotel
hotel
Grand
hostel
herberg
ROOMS
casa de cambio
vekselkontor
valija
kuffert
auto
bil

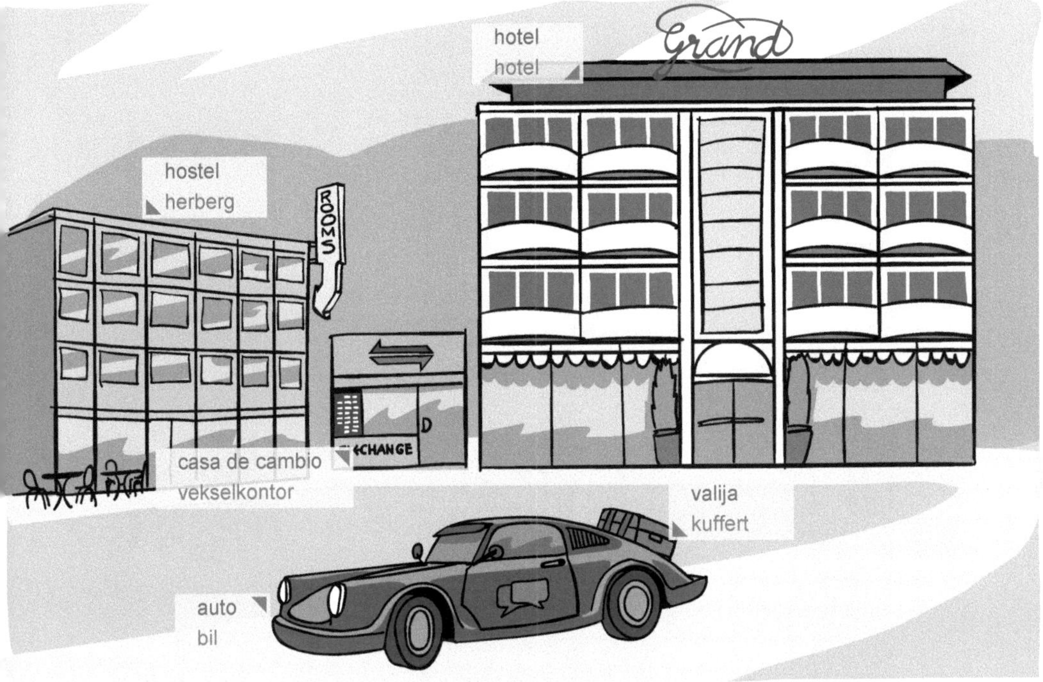

idioma

sprog

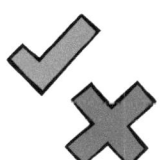

sí / no

ja / nej

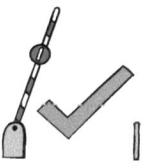

Está bien

okay

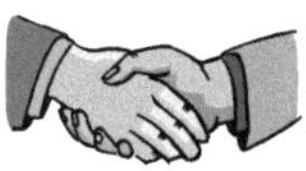

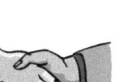

hola

hej

traductor

oversætter

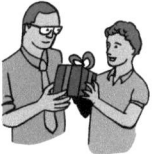

Gracias

tak

¿cuánto cuesta…?

hvad koster…?

No entiendo

Jeg forstår ikke

problema

problem

¡Buenas tardes!

God aften!

¡Buenos días!

God morgen!

¡Buenas noches!

God nat!

adiós

farvel

dirección

retning

equipaje

bagage

bolso

taske

mochila

rygsæk

invitado

gæst

habitación

værelse

bolsa de dormir

sovepose

carpa

telt

información turística
turistinformation

playa
strand

tarjeta de crédito
kreditkort

desayuno
morgenmad

almuerzo
middagsmad

cena
aftensmad

pasaje
billet

ascensor
elevator

sello
frimærke

frontera
grænse

aduana
told

embajada
ambassade

visa
visum

pasaporte
pas

transporte
transport

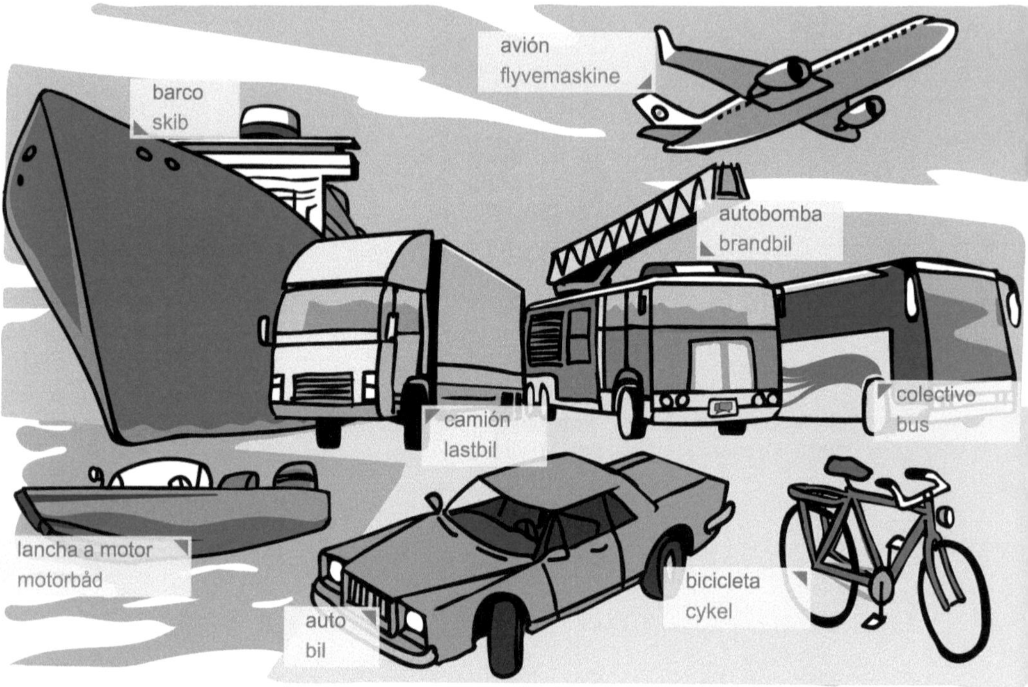
avión
flyvemaskine
barco
skib
autobomba
brandbil
colectivo
bus
camión
lastbil
lancha a motor
motorbåd
bicicleta
cykel
auto
bil

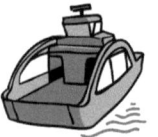

ferry
....
færge

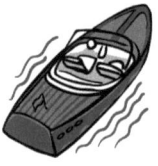

bote
....
båd

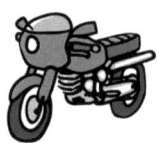

moto
....
motorcykel

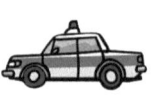

patrullero
....
politibil

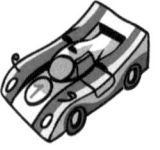

auto de carreras
....
racerbil

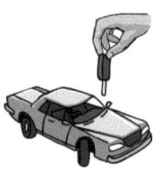

auto de alquiler
....
lejebil

alquiler de autos
....
samkørsel

grúa
....
kranbil

camión de basura
....
skraldebil

motor
....
motor

nafta
....
benzin

estación de servicio
....
tankstation

señal de tránsito
....
trafikskilt

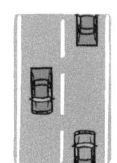

tránsito
....
trafik

embotellamiento
....
trafikprop

estacionamiento
....
parkeringsplads

estación de tren
....
banegård

vías
....
skinner

tren
....
tog

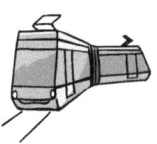

tranvía
....
sporvogn

vagón
....
wagon

helicóptero

helikopter

aeropuerto

lufthavn

torre

tårn

pasajero

passager

contenedor

container

caja de cartón

karton

carretilla

kærre

canasta

kurv

despegar / aterrizar

starte / lande

ciudad
by

pueblo

landsby

centro de ciudad

bymidte

casa

hus

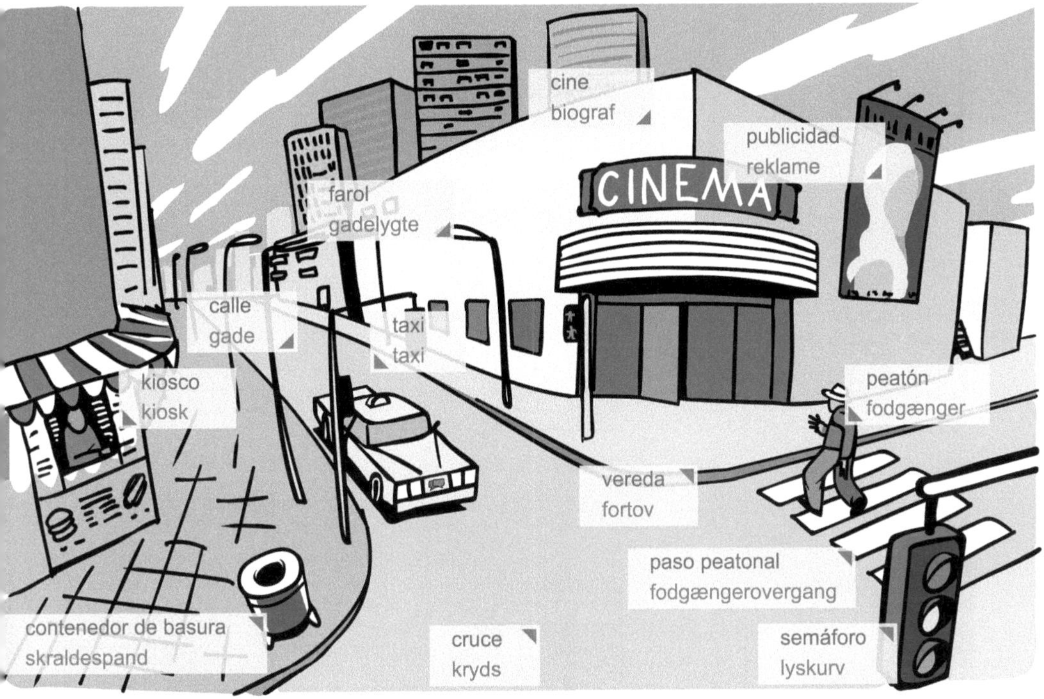
cine
biograf
publicidad
reklame
farol
gadelygte
CINEMA
calle
gade
taxi
taxi
kiosco
kiosk
peatón
fodgænger
vereda
fortov
paso peatonal
fodgængerovergang
contenedor de basura
skraldespand
cruce
kryds
semáforo
lyskurv

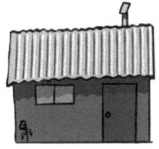

cabaña

hytte

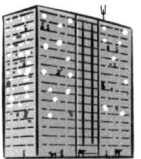

departamento

lejlighed

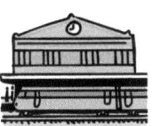

estación de tren

banegård

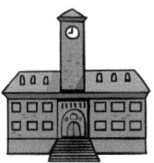

municipalidad

rådhus

MUSEUM

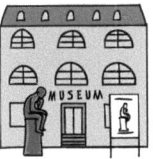

museo

museum

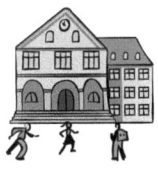

colegio

skole

universidad

universitet

banco

bank

hospital

sygehus

hotel

hotel

farmacia

apotek

oficina

kontor

librería

boghandel

negocio

butik

florería

blomsterbutik

supermercado

supermarked

mercado

marked

grandes tiendas

stormagasin

pescadería

fiskehandler

centro comercial

butikscenter

puerto

havn

parque

park

banco

bænk

puente

bro

escaleras

trappe

subte

undergrundsbane

túnel

tunnel

parada del colectivo

busstoppested

bar

barnevogn

restaurante

restaurant

buzón

postkasse

letrero

vejskilt

parquímetro

parkometer

zoológico

zoo

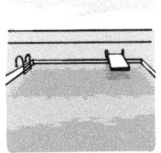

pileta

badeanstalt

mezquita

moske

granja
bondegård

contaminación
miljøforurening

cementerio
kirkegård

iglesia
kirke

juegos infantiles
legeplads

templo
tempel

paisaje
landskab

hoja
blad

poste indicador
vejviser

camino
vej

pradera
eng

piedra
sten

excursionista
vandrer

árbol
træ

río
flod

hierba
græs

flor
blomst

valle

dal

montaña

bjerg

lago

sø

bosque

skov

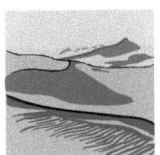

desierto

ørken

volcán

vulkan

castillo

slot

arco iris

regnbue

champiñón

svamp

palmera

palme

mosquito

moskito

mosca

flue

hormiga

myre

abeja

bi

araña

edderkop

escarabajo

bille

rana

frø

ardilla

egern

erizo

pindsvin

liebre

hare

lechuza

ugle

pájaro

fugl

cisne

svane

jabalí

vildsvin

ciervo

hjort

alce

elg

presa

dæmning

aerogenerador

vindmølle

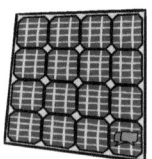

panel solar

solcellemodul

clima

klima

restaurante
restaurant

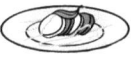

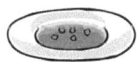

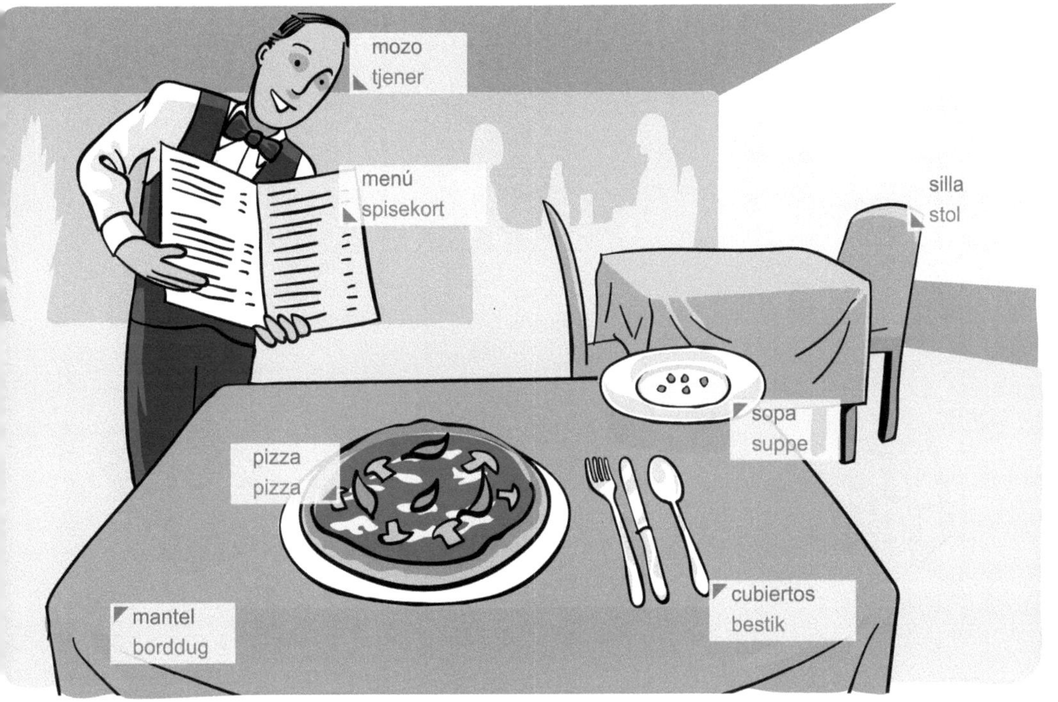
mozo
tjener
menú
spisekort
silla
stol
sopa
suppe
pizza
pizza
cubiertos
bestik
mantel
borddug

entrada
forret

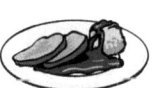

plato principal
hovedret

postre
dessert

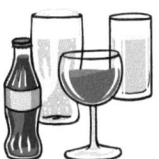

bebidas
drikkevarer

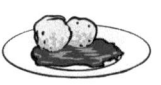

comida
mad

botella
flaske

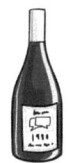

comida rápida

fastfood

comida callejera

streetfood

tetera

tekande

azucarera

sukkerdåse

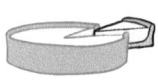

porción

portion

cafetera expreso

espressomaskine

sillita alta

barnestol

cuenta

faktura

bandeja

tablet

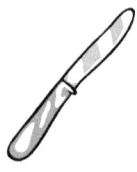

cuchillo

kniv

tenedor

gaffel

cuchara

ske

cucharita

teske

servilleta

serviet

vaso

glas

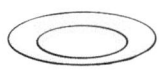

plato

tallerken

plato hondo

dyb tallerken

plato

underkop

salsa

sovs

salero

saltbøsse

molinillo de pimienta

peberkværn

vinagre

eddike

aceite

olie

especias

krydderier

kétchup

ketchup

mostaza

sennep

mayonesa

mayonnaise

supermercado
supermarked

oferta especial
tilbud
FOR
cliente
kunde
lácteos
mælkeprodukter
fruta
frugt
changuito
indkøbsvogn

BUTCHERS

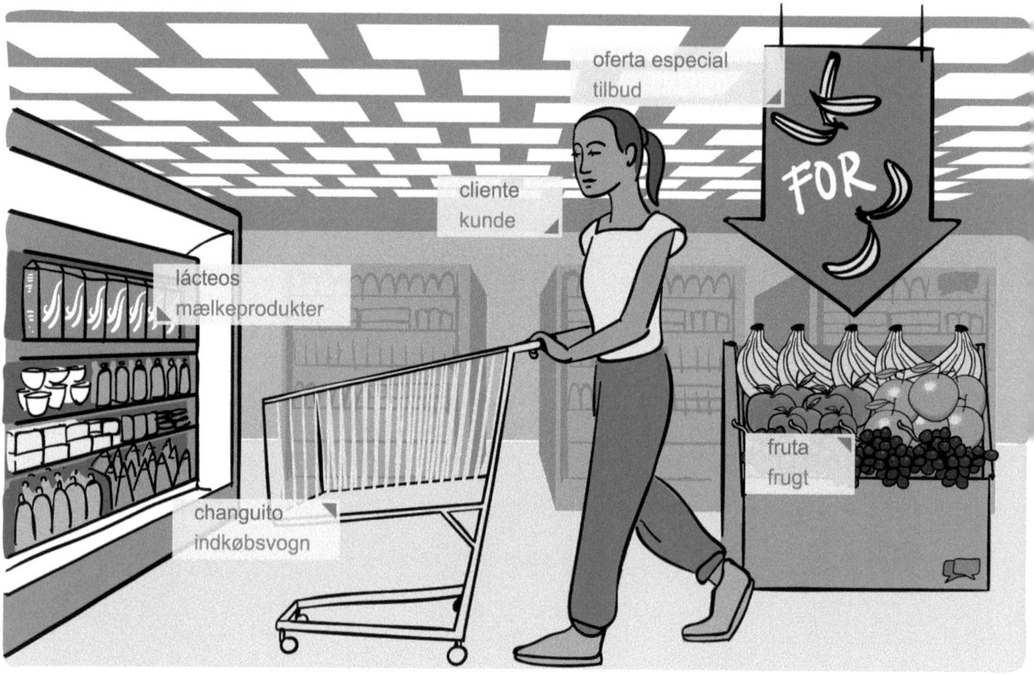

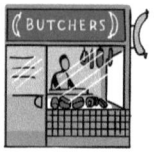

carnicería

slagter

BAKERY

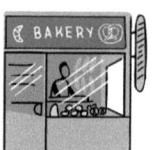

panadería

bageri

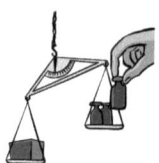

pesar

veje

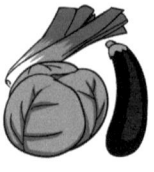

verduras

grøntsager

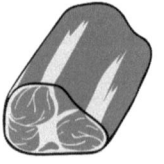

carne

kød

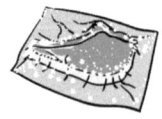

alimentos congelados

frostvarer

fiambres
pålæg

alimentos enlatados
konserves

detergente en polvo
vaskemiddel

golosinas
slik

electrodomésticos
husholdningsvarer

productos de limpieza
rengøringsmidler

vendedora
ekspedient

caja
kasse

cajero
kasserer

lista de compras
indkøbsliste

horario de atención
åbningstider

billetera
tegnebog

tarjeta de crédito
kreditkort

cartera
taske

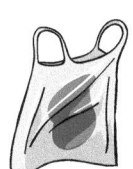

bolsa de plástico
plasticpose

bebidas
drikkevarer

agua

vand

jugo

saft

leche

mælk

bebida cola

cola

vino

vin

cerveza

øl

alcohol

alkohol

cacao

kakao

té

te

café

kaffe

café expreso

espresso

cappuccino

cappuccino

banana

banan

manzana

æble

naranja

appelsin

melón

melon

limón

citron

zanahoria

gulerod

ajo

hvidløg

bambú

bambus

cebolla

løg

champiñón

svamp

nueces

nødder

fideos

nudler

tallarines

spaghetti

arroz

ris

ensalada

salat

papas fritas

pomfritter

papas fritas

stegte kartofler

pizza

pizza

hamburguesa

hamburger

sándwich

sandwich

churrasco

schnitzel

jamón

skinke

salame

salami

salchicha

pølse

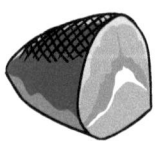

pollo

kylling

asado

steg

pescado

fisk

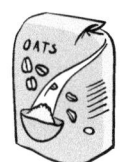

copos de avena

havregryn

muesli

mysli

copos de maíz

cornflakes

harina

mel

medialuna

croissant

pancito

rundstykke

pan

brød

tostada

toast

galletitas

kiks

manteca

smør

cuajada

kvark

torta

kage

huevo

æg

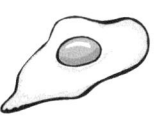

huevo frito

spejlæg

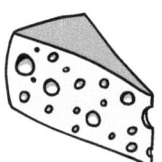

queso

ost

comida - mad

helado

is

azúcar

sukker

miel

honning

mermelada

marmelade

pasta de chocolate

nougat-creme

curry

karry

granja
bondegård

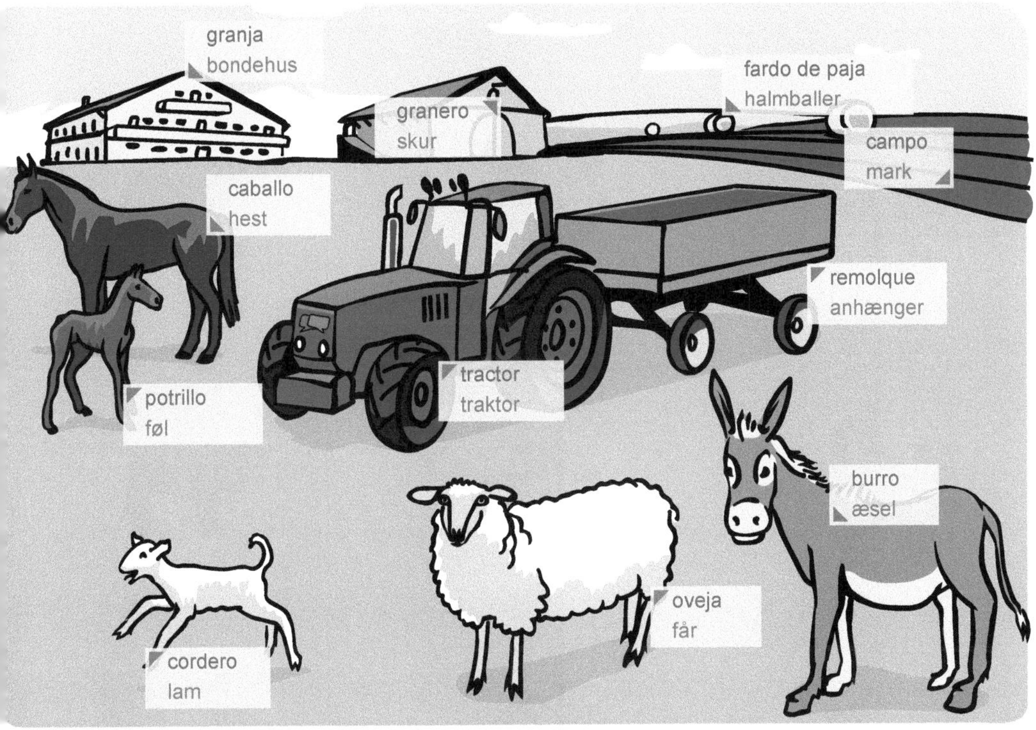
granja
bondehus
granero
skur
fardo de paja
halmballer
campo
mark
caballo
hest
remolque
anhænger
tractor
traktor
potrillo
føl
burro
æsel
oveja
får
cordero
lam

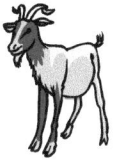

cabra

ged

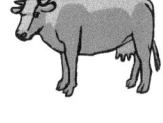

vaca

ko

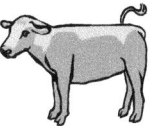

ternero

kalv

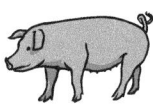

cerdo

svin

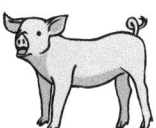

lechón

gris

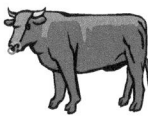

toro

tyr

ganso
gås

pato
and

pollo
kylling

gallina
høne

gallo
hane

rata
rotte

gato
kat

ratón
mus

buey
okse

perro
hund

cucha
hundehus

manguera
haveslange

regadera
vandkande

guadaña
le

arado
plov

hoz

segl

azada

hakkejern

horquilla

møggreb

hacha

økse

carretilla

trillebør

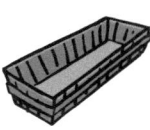

abrevadero

trug

lechera

mælkekande

bolsa

sæk

reja

hæk

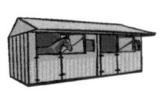

establo

stald

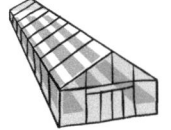

invernadero

drivhus

suelo

jord

semilla

frø

fertilizador

gødning

cosechadora

mejetærsker

cosechar

høste

cosecha

høst

batatas

yams

trigo

hvede

soja

soja

papa

kartoffel

maíz

majs

semilla de colza

raps

árbol frutal

frugttræ

mandioca

maniok

cereales

korn

casa
hus

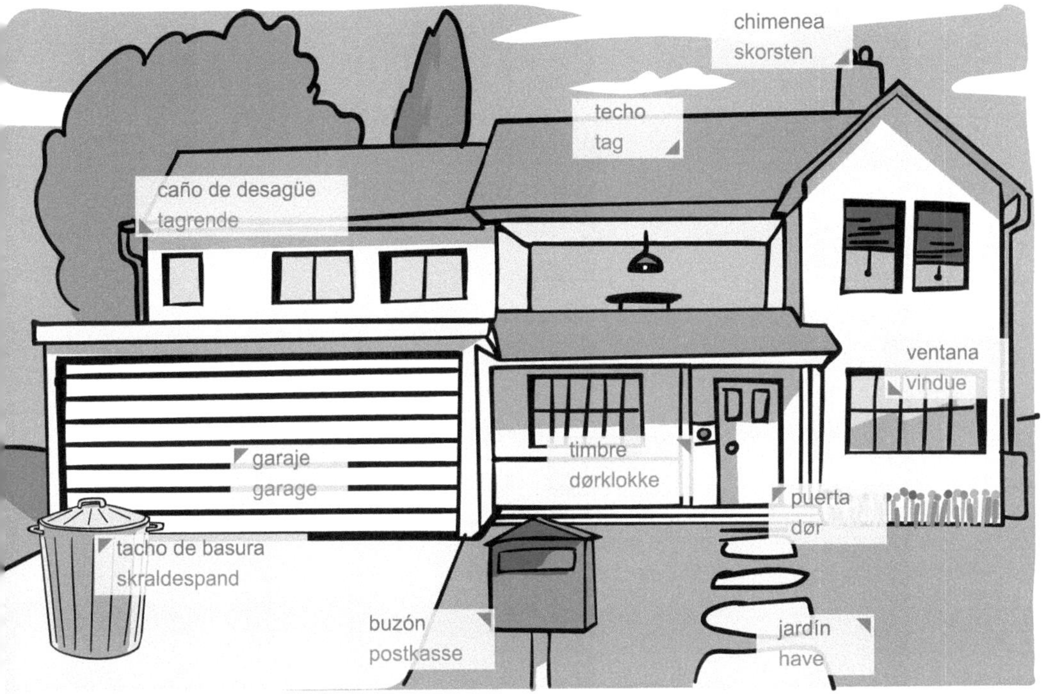

chimenea
skorsten
techo
tag
caño de desagüe
tagrende
ventana
vindue
garaje
garage
timbre
dørklokke
puerta
dør
tacho de basura
skraldespand
buzón
postkasse
jardín
have

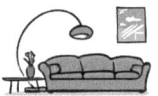

living
stue

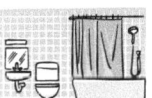

baño
badeværelse

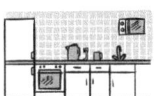

cocina
køkken

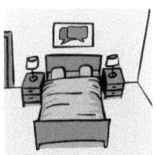

dormitorio
soveværelse

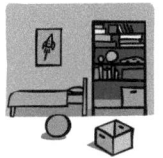

cuarto de los chicos
børneværelse

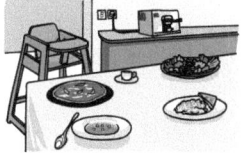

comedor
spisestue

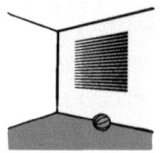

piso

gulv

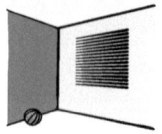

pared

væg

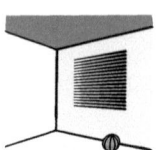

cielorraso

loft

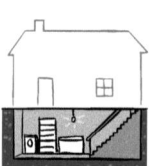

sótano

kælder

sauna

sauna

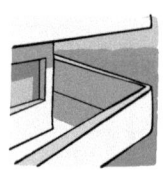

balcón

altan

terraza

terrasse

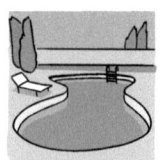

pileta

svømmehal

cortadora de pasto

plæneklipper

sábana

dynebetræk

acolchado

dyne

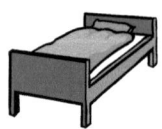

cama

seng

escoba

kost

balde

spand

interruptor

kontakt

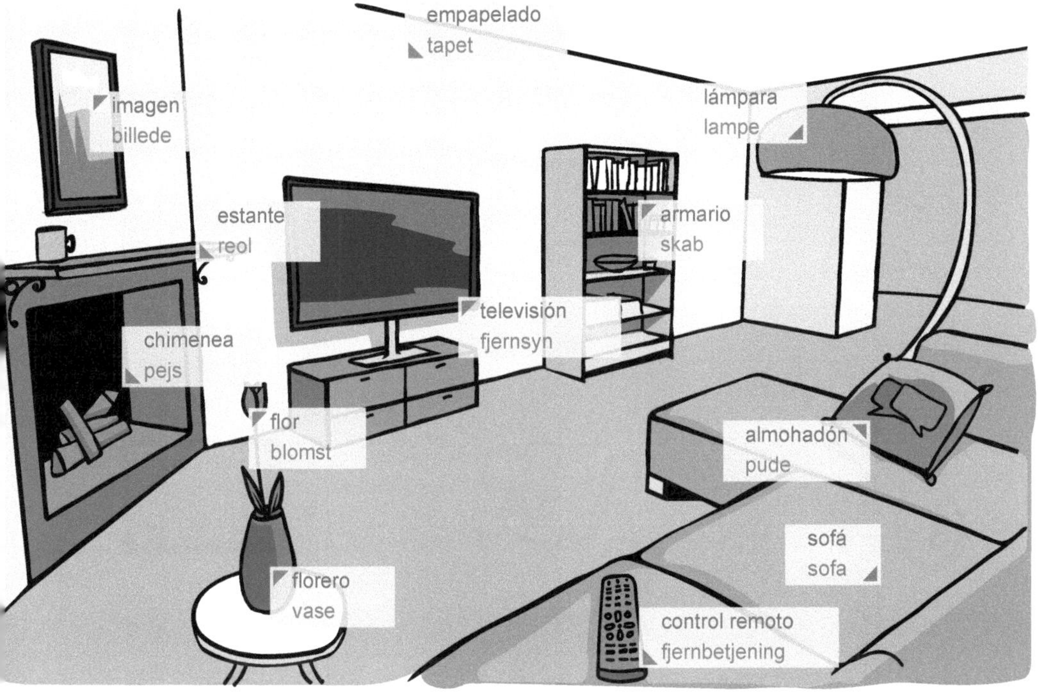

empapelado
tapet

imagen
billede

lámpara
lampe

estante
reol

armario
skab

chimenea
pejs

televisión
fjernsyn

flor
blomst

almohadón
pude

sofá
sofa

florero
vase

control remoto
fjernbetjening

alfombra
....
gulvtæppe

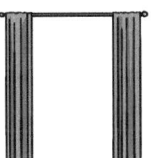

cortina
....
gardin

mesa
....
bord

silla
....
stol

mecedora
....
gyngestol

sillón
....
lænestol

libro

bog

frazada

tæppe

decoración

dekoration

leña

brænde

película

film

equipo de música

stereoanlæg

llave

nøgle

diario

avis

pintura

maleri

póster

plakat

radio

radio

cuaderno

notesblok

aspiradora

støvsuger

cactus

kaktus

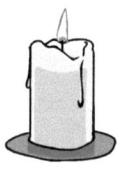

vela

lys

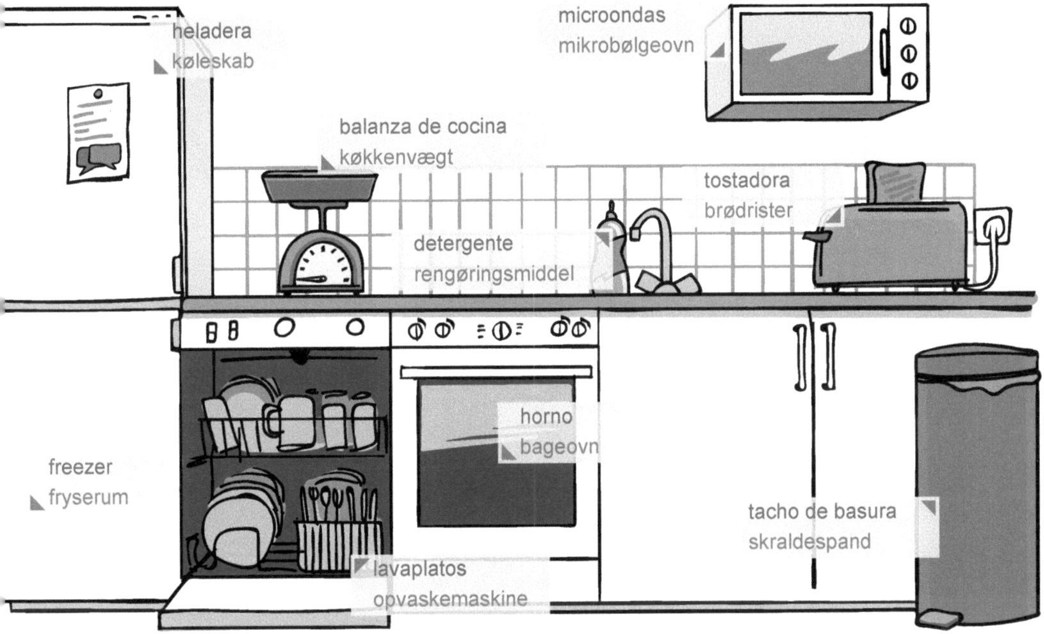

heladera
køleskab

microondas
mikrobølgeovn

balanza de cocina
køkkenvægt

tostadora
brødrister

detergente
rengøringsmiddel

horno
bageovn

freezer
fryserum

tacho de basura
skraldespand

lavaplatos
opvaskemaskine

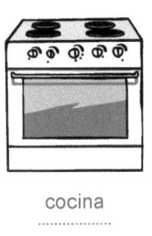

cocina
komfur

olla
gryde

olla de hierro fundido
jerngryde

wok
wok / kadai

sartén
pande

pava
elkedel

vaporera

dampkoger

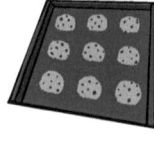

bandeja de horno

bageplade

vajilla

service

taza

bæger

bol

skål

palitos

spisepinde

cucharón

øseske

estpátula

paletkniv

batidora

piskeris

colador

dørslag

colador

si

rallador

rive

mortero

morter

parrilla

grille

fogata

ildsted

tabla de picar

skærebræt

palo de amasar

kagerulle

sacacorchos

proptrækker

lata

dåse

abrelatas

dåseåbner

manopla

grydelap

pileta

køkkenvask

cepillo

børste

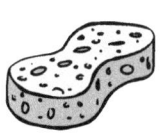

esponja

svamp

batidora

blender

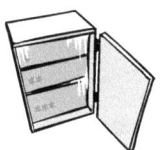

congelador

dybfryser

mamadera

sutteflaske

canilla

vandhane

baño

badeværelse

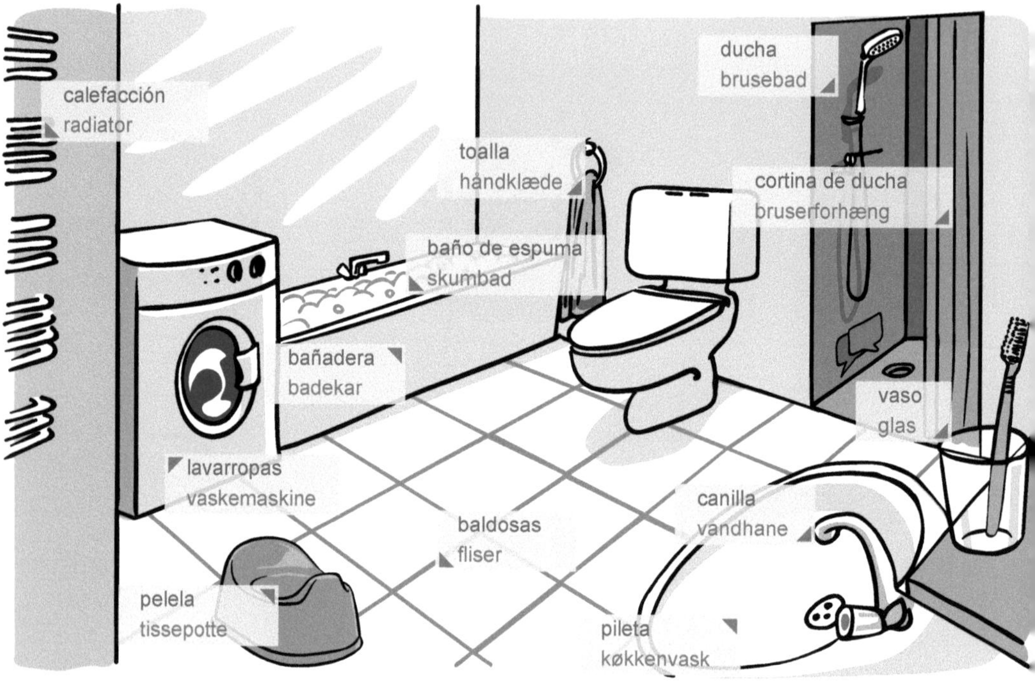
ducha
brusebad
calefacción
radiator
toalla
håndklæde
cortina de ducha
bruserforhæng
baño de espuma
skumbad
bañadera
badekar
vaso
glas
lavarropas
vaskemaskine
canilla
vandhane
baldosas
fliser
pelela
tissepotte
pileta
køkkenvask

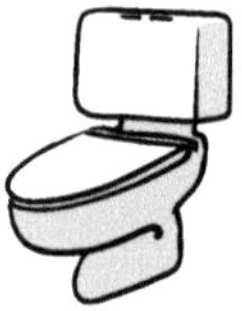

inodoro

toilet

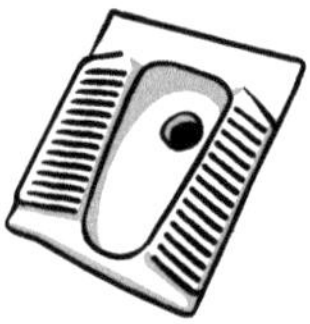

letrina

hugsiddende toilet

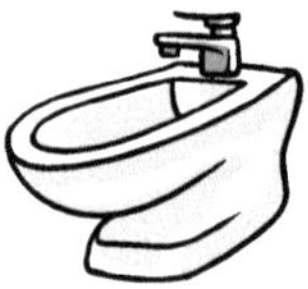

bidé

bidet

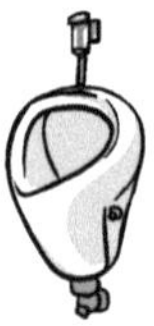

mingitorio

pissoir

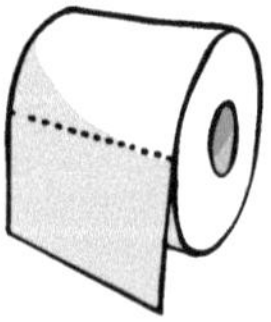

papel higiénico

toiletpapir

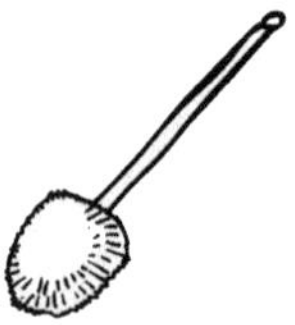

cepillo para el inodoro

toiletbørste

cepillo de dientes

tandbørste

dentífrico

tandpasta

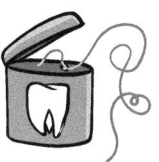

hilo dental

tandtråd

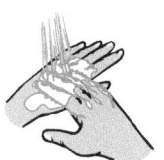

lavar

vaske

ducha de mano

håndbruser

ducha higiénica

intimbruser

palangana

vaskefad

cepillo para espalda

badebørste

jabón

sæbe

gel de ducha

brusegele

shampoo

shampoo

toallita

vaskeklud

desagüe

afløb

crema

creme

desodorante

deodorant

espejo
spejl

espejito
kosmetikspejl

maquinita de afeitar
barberhøvl

espuma de afeitar
barberskum

aftershave
barbervand

peine
kam

cepillo
børste

secador de pelo
hårtørrer

spray
hårspray

maquillaje
makeup

lápiz de labios
læbestift

esmalte para uñas
neglelak

algodón
vat

tijera para uñas
neglesaks

perfume
parfume

portacosméticos

toilettaske

banqueta

skammel

balanza

vægt

bata

badekåbe

guantes de goma

gummihandsker

tampón

tampon

toallita femenina

damebind

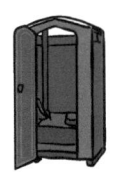

baño químico

kemisk toilet

baño - badeværelse

cuarto de los chicos
børneværelse

despertador
vækkeur
peluche
bamse
coche de juguete
legetøjsbil
sonajero
skralde
casa de muñecas
dukkehus
regalo
gave

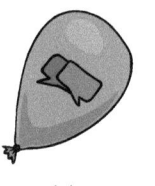

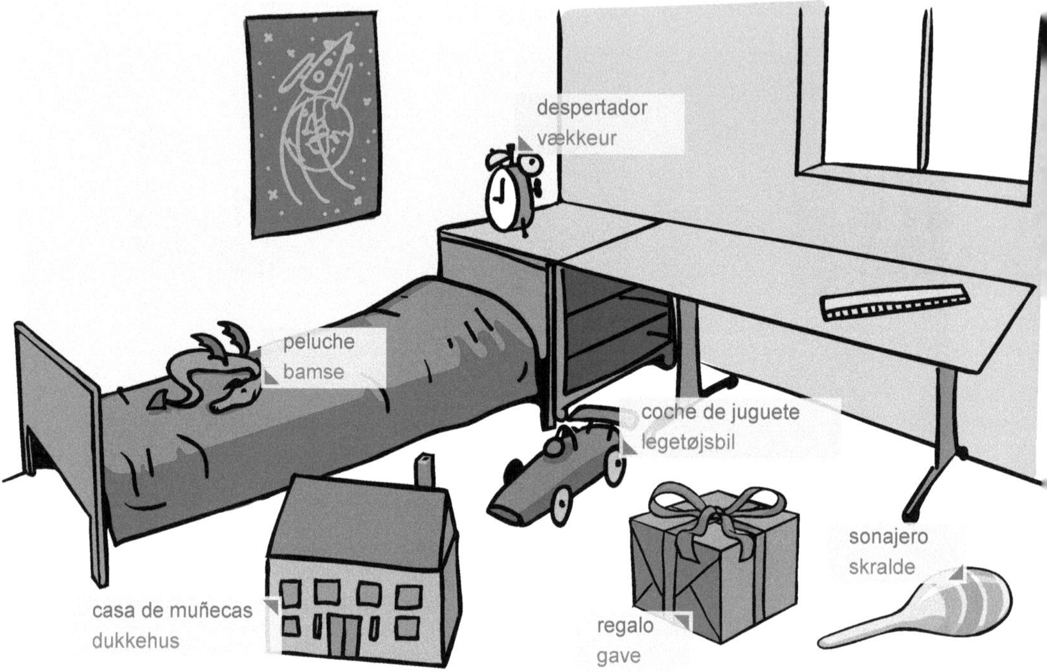

globo
ballon

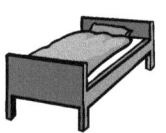

cama
seng

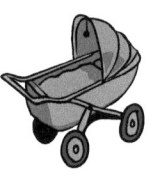

cochecito
barnevogn

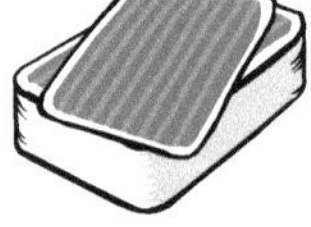

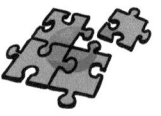

cartas
kortspil

rompecabezas
puslespil

SUPER
MEGA

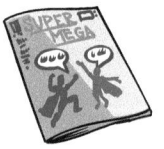

historieta
tegneserie

piezas de lego

legoklodser

ladrillos de juguete

byggeklodser

figura de acción

action figur

enterito (de bebé)

sparkedragt

frisbee

frisbee

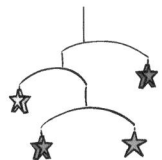

móvil para bebés

uro

juego de mesa

brætspil

dados

terning

tren eléctrico

modeljernbane

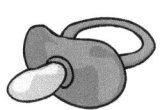

chupete

sut

fiesta

fest

libro de cuentos ilustrado

billedbog

pelota

bold

muñeca

dukke

jugar

lege

arenero
sandkasse

hamaca
gynge

juguetes
legetøj

consola de videojuegos
spillekonsol

triciclo
trehjulet cykel

osito de peluche
bamse

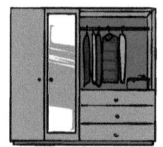

armario
klædeskab

ropa

tøj

medias
sokker

medias panty
strømper

calzas
strømpebukser

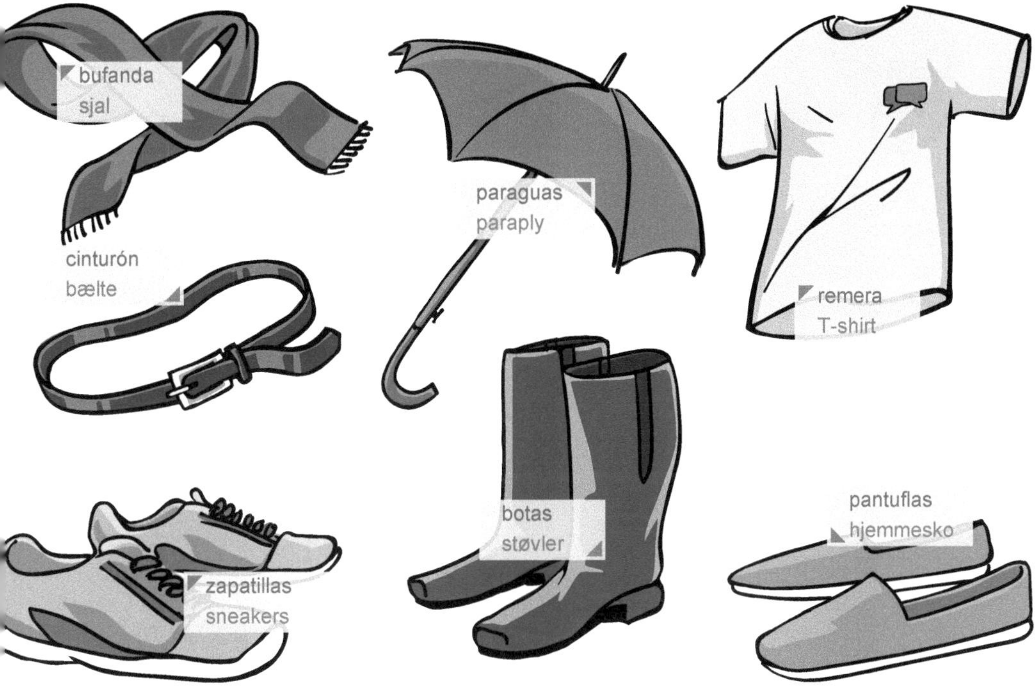

bufanda
sjal

cinturón
bælte

paraguas
paraply

remera
T-shirt

zapatillas
sneakers

botas
støvler

pantuflas
hjemmesko

sandalias
....
sandaler

zapatos
....
sko

botas de goma
....
gummistøvler

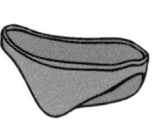

ropa interior
....
underbukser

corpiño
....
BH

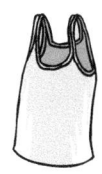

chaleco
....
undertrøje

body
body

pantalones
bukser

jeans
jeans

pollera
nederdel

blusa
bluse

camisa
skjorte

pulóver
pullover

buzo
sweatshirt

blazer
blazer

campera
jakke

tapado
frakke

piloto
regnfrakke

traje
kostume

vestido
kjole

vestido de novia
brudekjole

traje

jakkesæt

camisón

nattrøje

pijama

pyjamas

sari

sari

pañuelo para cabeza

hovedtørklæde

turbante

turban

burka

burka

caftán

kaftan

abaya

abaya

traje de baño

badedragt

short de baño

badebukser

shorts

korte bukser

jogging

træningsdragt

delantal

forklæde

guantes

handsker

botón

knap

anteojos

briller

pulsera

armbånd

collar

kæde

anillo

ring

aro

ørering

gorra

hue

percha

bøjle

sombrero

hat

corbata

slips

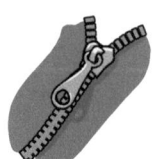

cierre

lynlås

casco

hjelm

tiradores

seler

uniforme escolar

skoleuniform

uniforme

uniform

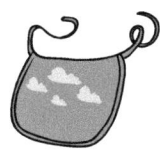

babero

hagesmæk

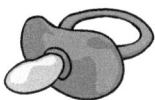

chupete

sut

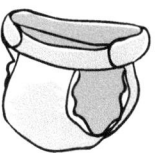

pañal

ble

oficina
kontor

servidor
server
archivero
arkivskab
impresora
printer
papel
papir
monitor
skærm
mouse
mus
escritorio
skrivebord
carpeta
mappe
teclado
tastatur
tacho (de basura)
papirkurv
computadora
computer
silla
stol

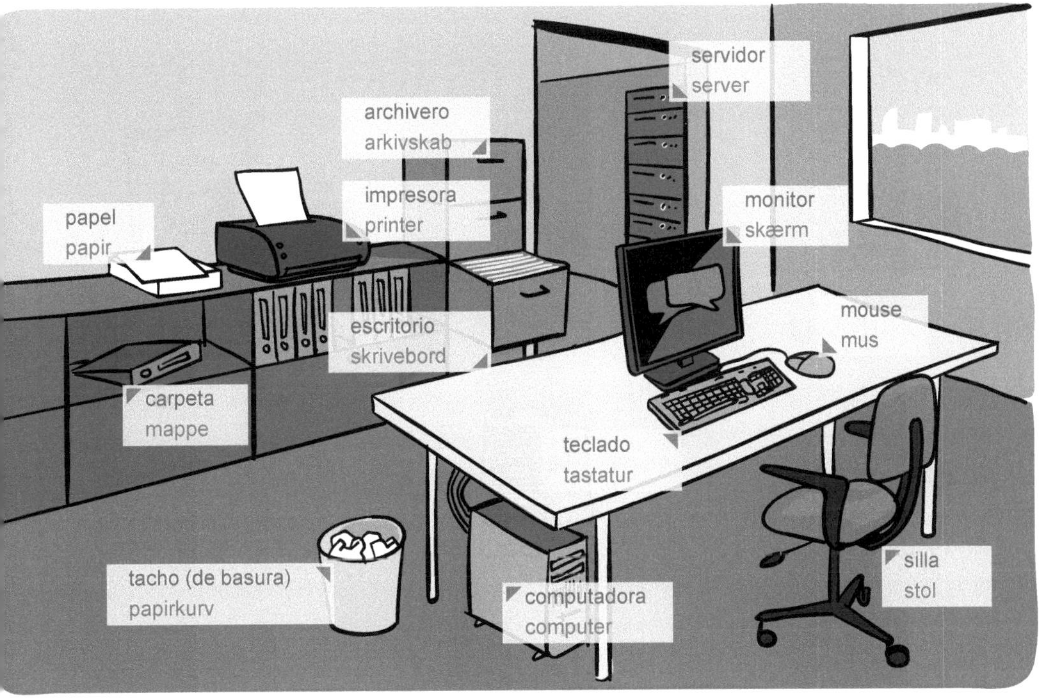

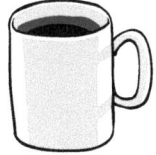

taza de café

kaffekrus

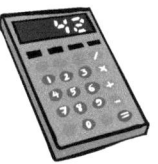

calculadora

lommeregner

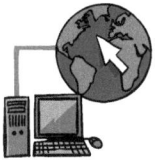

internet

internet

laptop
bærbar

carta
brev

mensaje
besked

celular
mobil

red
netværk

fotocopiadora
kopimaskine

software
software

teléfono
telefon

tomacorriente
stikdåse

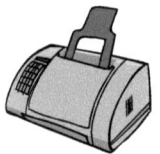

fax
fax

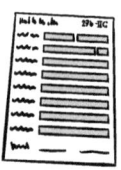

formulario
formular

documento
dokument

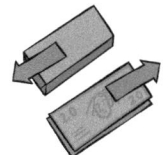

comprar

købe

pagar

betale

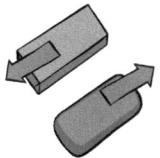

hacer negocios

handle

dinero

penge

dólar

dollar

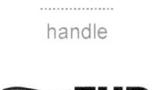

euro

euro

yen

yen

rublo

rubel

franco suizo

schweizerfranc

yuan

renminbi yuan

rupia

rupee

cajero automático

hæveautomat

casa de cambio

vekselkontor

oro

guld

plata

sølv

petróleo

olie

energía

energi

precio

pris

contrato

kontrakt

impuesto

skat

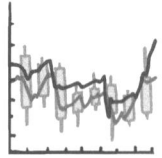

acción

aktie

trabajar

arbejde

empleado

ansat

empleador

arbejdsgiver

fábrica

fabrik

negocio

butik

ocupaciones
erhverv

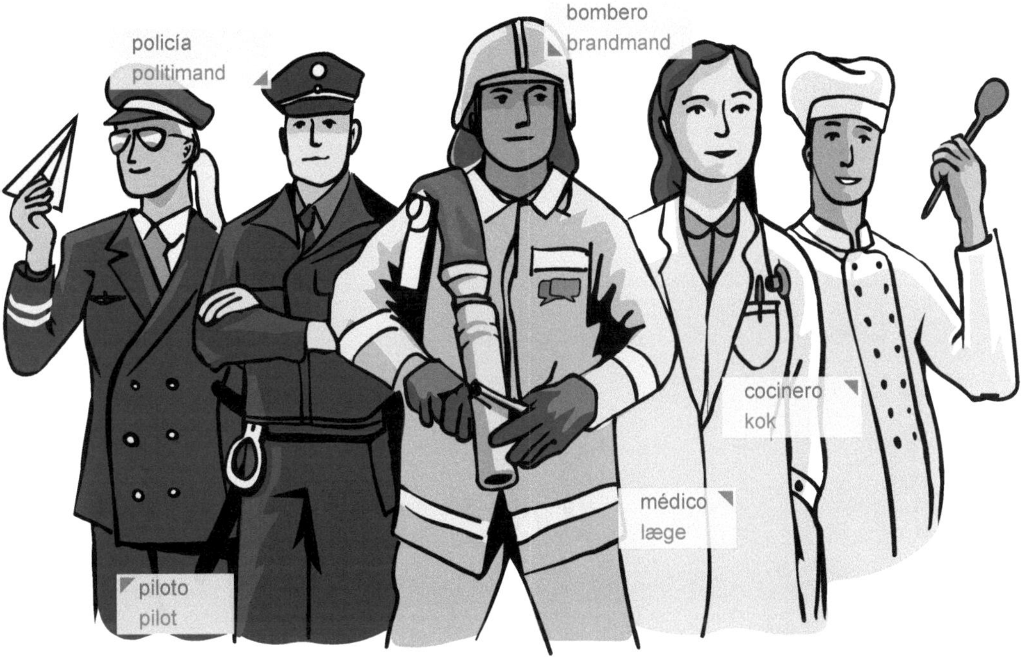
bombero
brandmand
policía
politimand
cocinero
kok
médico
læge
piloto
pilot

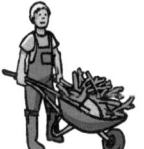

jardinero

gartner

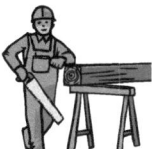

carpintero

tømrer

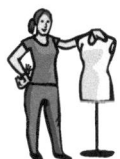

modista

syerske

juez

dommer

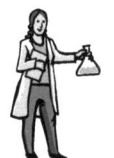

farmacéutico

kemiker

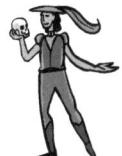

actor

skuespiller

colectivero

buschauffør

taxista

taxachauffør

pescador

fisker

mucama

rengøringskone

techista

tagdækker

mozo

tjener

cazador

jæger

pintor

maler

panadero

bager

electricista

elektriker

albañil

bygningsarbejder

ingeniero

ingeniør

carnicero

slagter

plomero

vvs-mand

cartero

postbud

soldado

soldat

arquitecto

arkitekt

cajero

kasserer

florista

blomsterhandler

peluquero

frisør

cobrador

togfører

mecánico

mekaniker

capitán

kaptajn

dentista

tandlæge

científico

videnskabsmand

rabino

rabbiner

imán

imam

monje

munk

sacerdote

præst

herramientas
værktøj

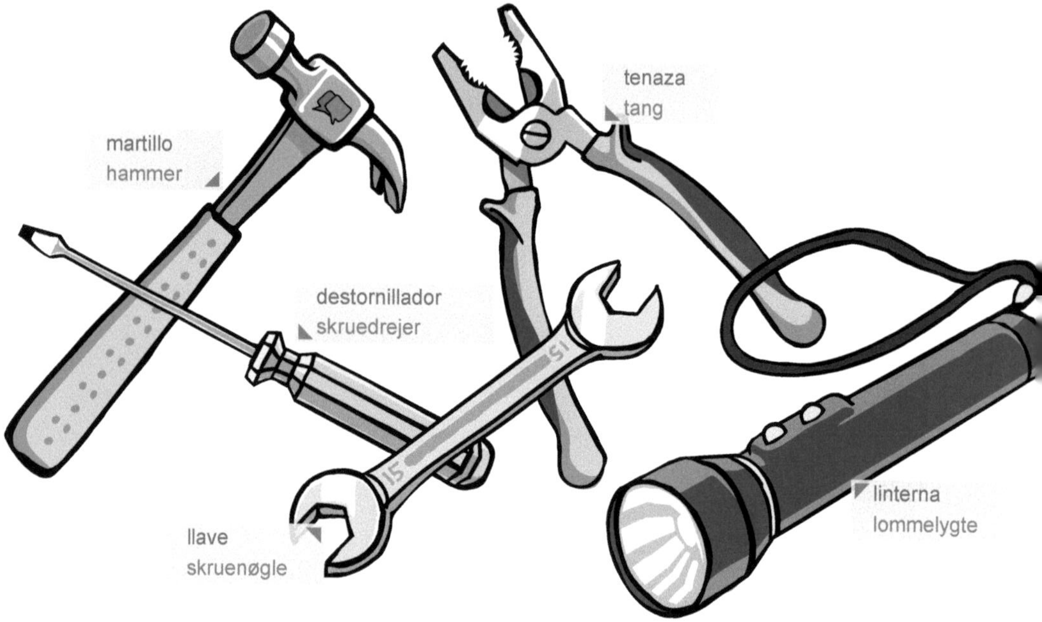
martillo
hammer
tenaza
tang
destornillador
skruedrejer
llave
skruenøgle
linterna
lommelygte

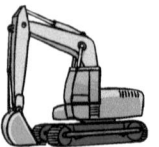

excavadora

gravemaskine

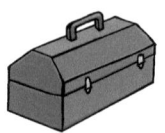

caja de herramientas

værktøjskasse

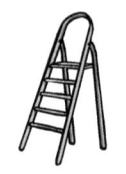

escalera portátil

stige

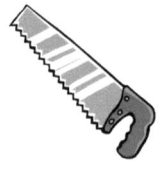

sierra

sav

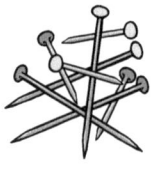

clavos

søm

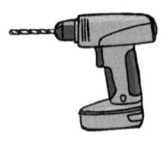

taladro

bor

arreglar
reparere

pala de jardín
skovl

¡Qué bronca!
Lort!

pala de plástico
fejebakke

tacho de pintura
malerspand

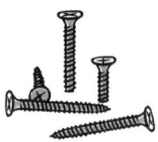

tornillos
skruer

instrumentos musicales
musikinstrumenter

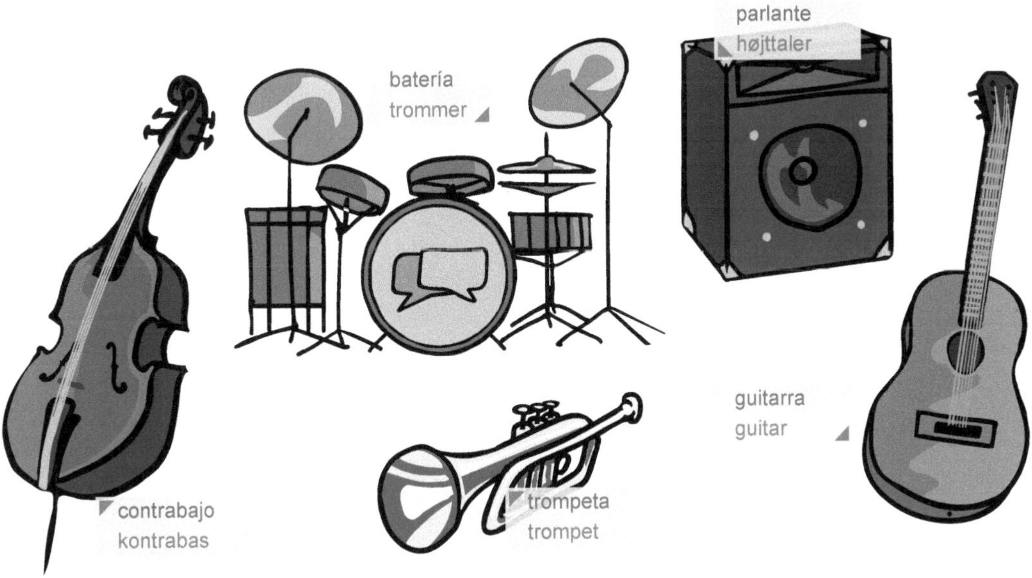

parlante
højttaler

batería
trommer

contrabajo
kontrabas

trompeta
trompet

guitarra
guitar

piano

klaver

violín

violin

bajo

bas

timbales

pauke

tambor

tromme

teclado

keyboard

saxofón

saxofon

flauta

fløjte

micrófono

mikrofon

zoológico

zoo

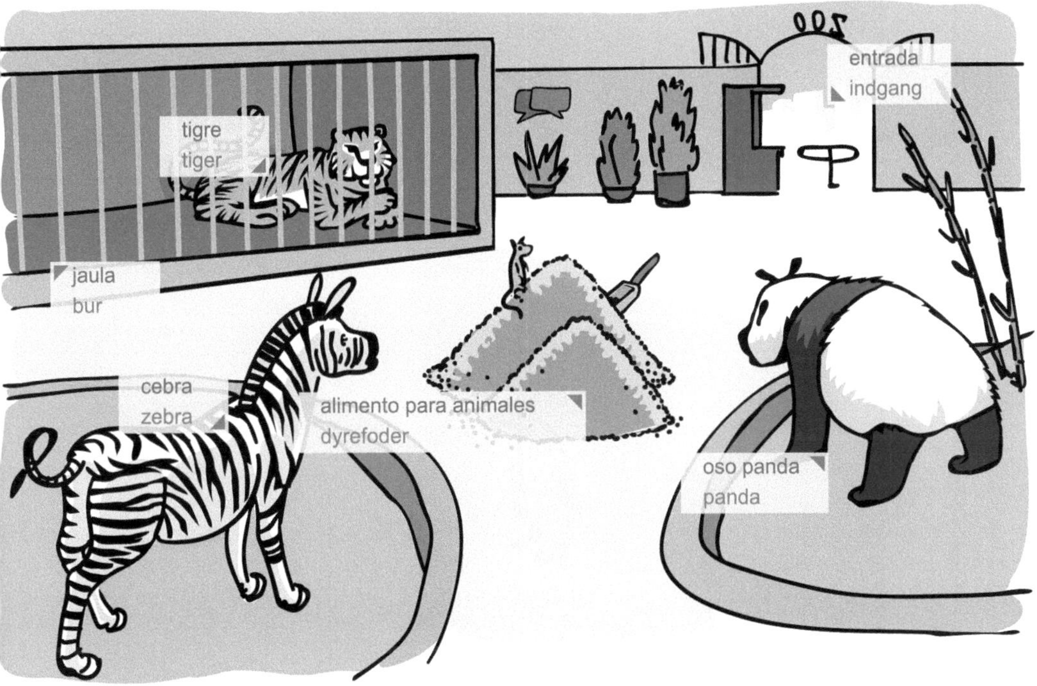
zoo
entrada
indgang
tigre
tiger
jaula
bur
cebra
zebra
alimento para animales
dyrefoder
oso panda
panda

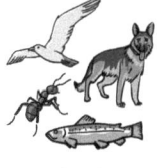

animales

dyr

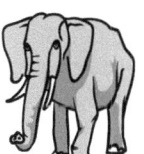

elefante

elefant

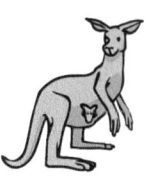

canguro

kænguru

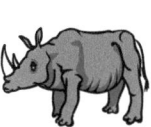

rinoceronte

næsehorn

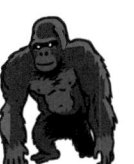

gorila

gorilla

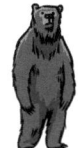

oso

bjørn

camello

kamel

avestruz

struds

león

løve

mono

abe

flamenco

flamingo

loro

papegøje

oso polar

isbjørn

pingüino

pingvin

tiburón

haj

pavo real

påfugl

serpiente

slange

cocodrilo

krokodille

cuidador del zoológico

dyrepasser

foca

sæl

jaguar

jaguar

poni
pony

leopardo
leopard

hipopótamo
flodhest

jirafa
giraf

águila
ørn

jabalí
vildsvin

pescado
fisk

tortuga
skildpadde

morsa
hvalros

zorro
ræv

gacela
gazelle

fútbol americano
amerikansk football

ciclismo
cykling

tenis
tennis

básquet
basketball

natación
svømning

boxeo
boksning

hockey sobre hielo
ishockey

fútbol
fodbold

bádminton
badminton

atletismo
atletik

handball
håndbold

esquí
skiløb

polo
polo

actividades
aktiviteter

reír
grine
saltar
springe
abrazar
give et knus
caminar
gå
cantar
synge
soñar
drømme
rezar
bede
besar
kysse

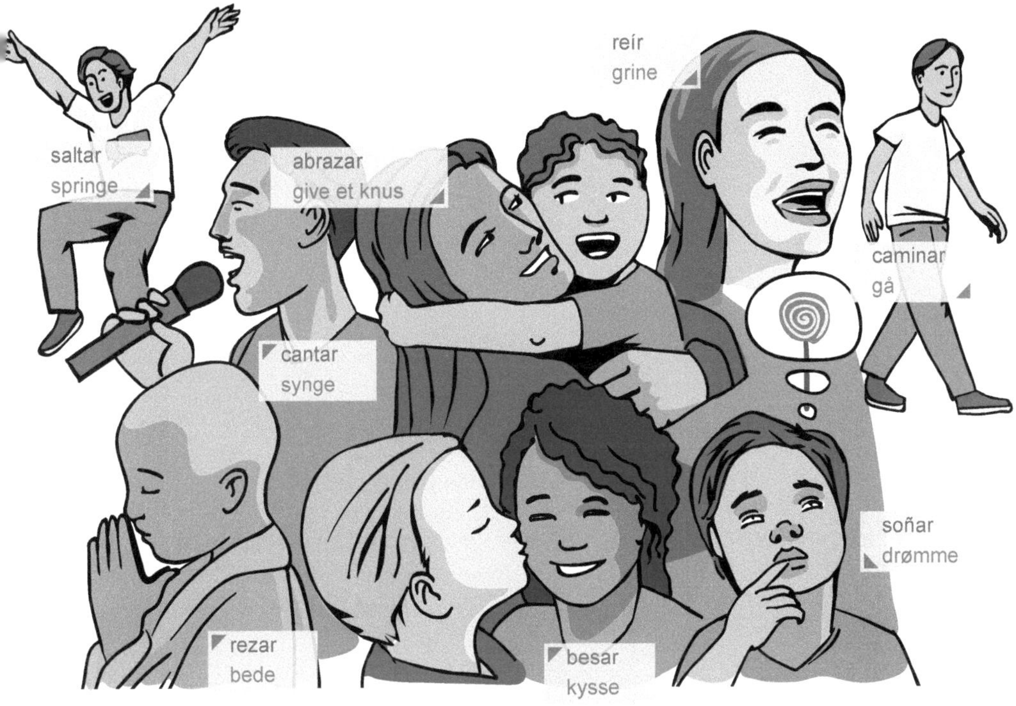

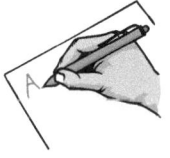

escribir

skrive

dibujar

tegne

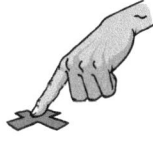

mostrar

vise

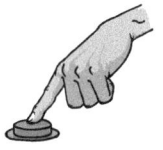

presionar

skubbe

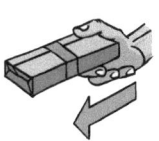

dar

give

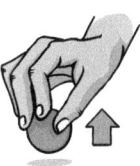

tomar

tage

tener
have

hacer
gøre

ser
være

estar parado
stå

correr
løbe

tirar
trække

tirar
kaste

caer
falde

estar acostado
ligge

esperar
vente

llevar
bære

estar sentado
sidde

vestirse
tage på

dormir
sove

despertar
vågne

mirar

se på

llorar

græde

acariciar

ae

peinar

kæmme

hablar

tale

entender

forstå

preguntar

spørge

escuchar

høre

beber

drikke

comer

spise

ordenar

rydde op

amar

elske

cocinar

koge

manejar

køre

volar

flyve

navegar
sejle

calcular
regne

leer
læse

aprender
lære

trabajar
arbejde

casarse
gifte sig med

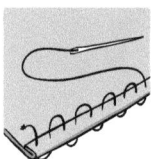

coser
sy

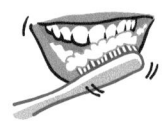

cepillarse los dientes
børste tænder

matar
dræbe

fumar
ryge

enviar
sende

familia
familie

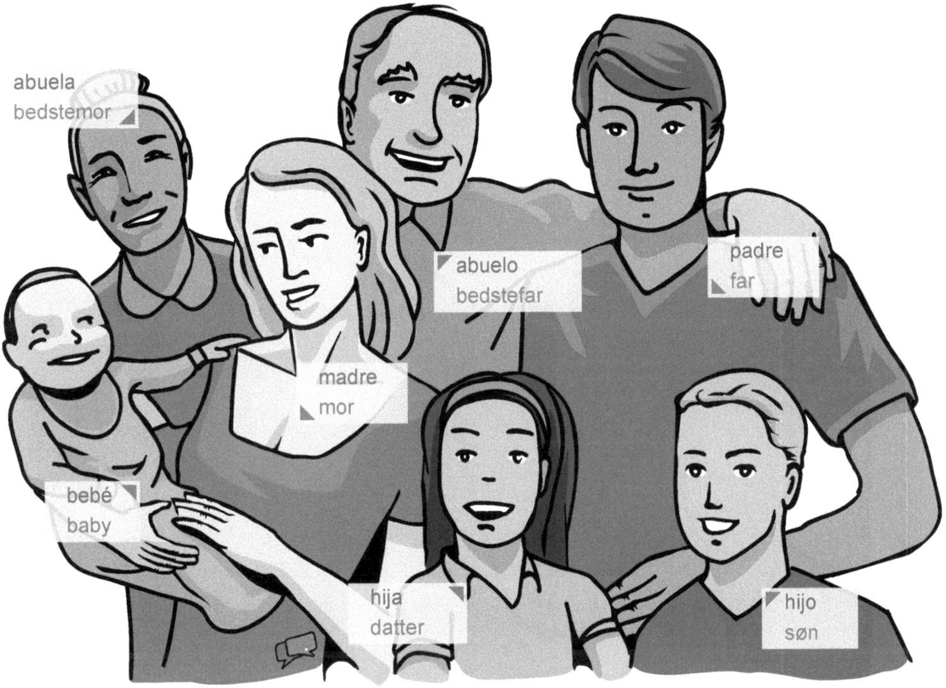

abuela
bedstemor
abuelo
bedstefar
padre
far
madre
mor
bebé
baby
hija
datter
hijo
søn

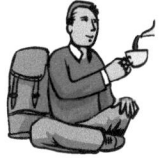

invitado

gæst

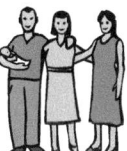

tía

tante

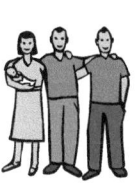

tío

onkel

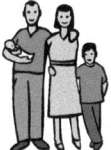

hermano

bror

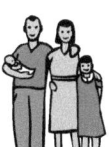

hermana

søster

cuerpo

krop

frente
pande
ojo
øje
hombro
skulder
dedo
finger
cara
ansigt
pera
hage
mano
hånd
pierna
ben
pecho
bryst
brazo
arm

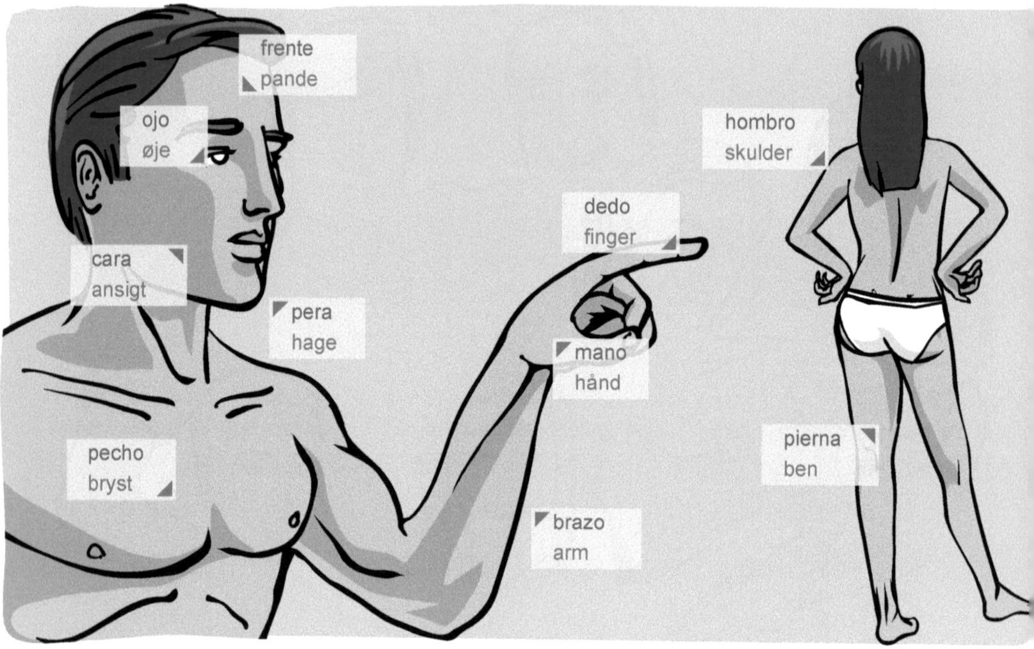

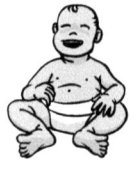

bebé

baby

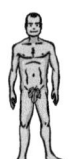

hombre

mand

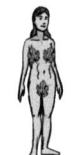

mujer

kvinde

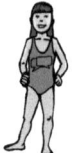

nena

pige

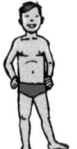

nene

dreng

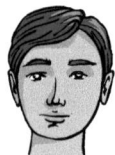

cabeza

hoved

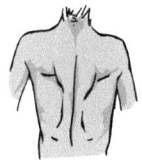

espalda

ryg

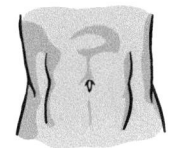

panza

mave

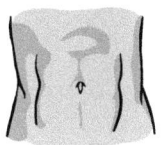

ombligo

navle

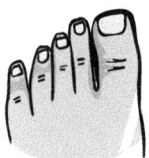

dedo del pie

tå

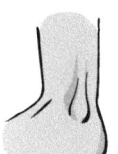

talón

hæl

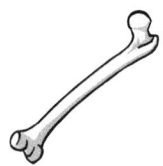

hueso

knogle

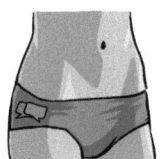

cadera

hofte

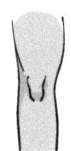

rodilla

knæ

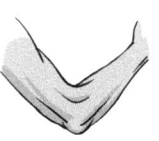

codo

albue

nariz

næse

cola

bagdel

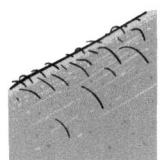

piel

hud

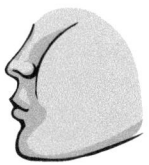

cachete

kind

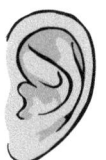

oreja

øre

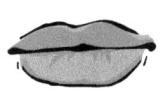

labio

læbe

boca

mund

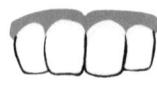

diente

tand

lengua

tunge

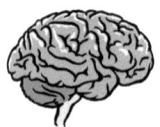

cerebro

hjerne

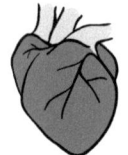

corazón

hjerte

músculo

muskel

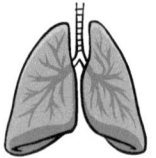

pulmón

lunge

hígado

lever

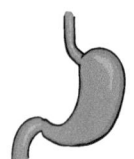

estómago

mavesæk

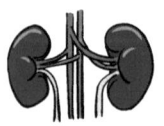

riñones

nyrer

sexo

sex

preservativo

kondom

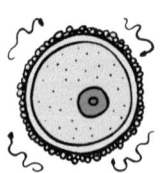

óvulo

ægcelle

semen

sperm

embarazo

svangerskab

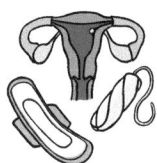

menstruación

menstruation

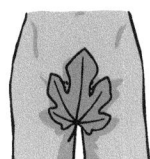

vagina

vagina

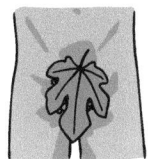

pene

penis

ceja

øjenbryn

pelo

hår

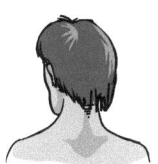

cuello

hals

hospital
sygehus

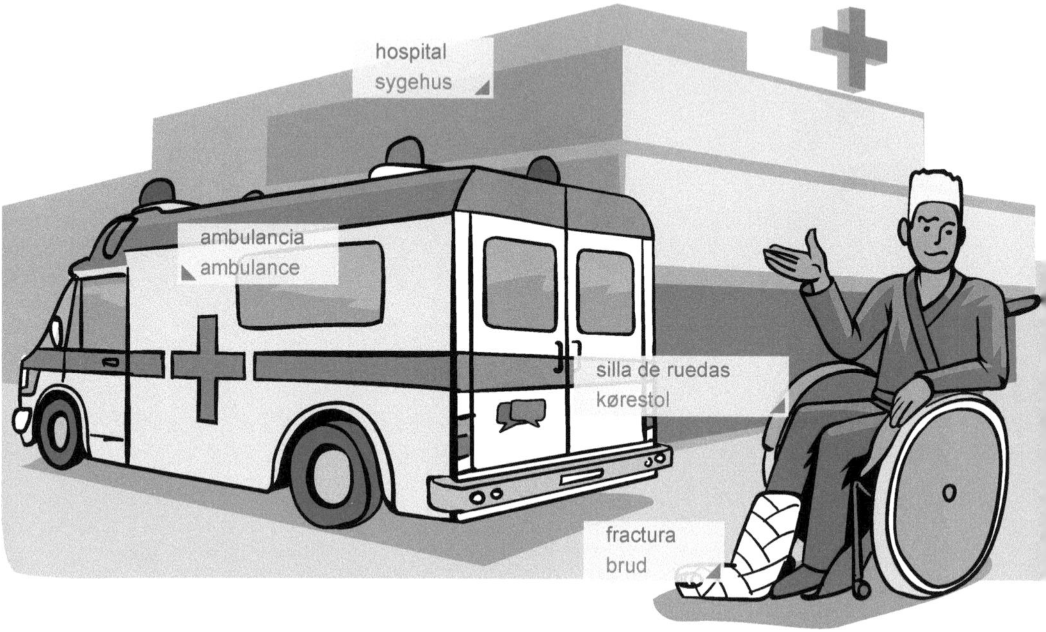

hospital
sygehus
ambulancia
ambulance
silla de ruedas
kørestol
fractura
brud

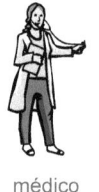

médico

læge

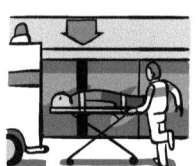

sala de guardia

akutmodtagelse

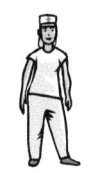

enfermera

sygeplejerske

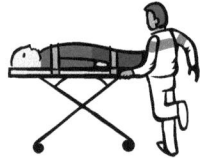

emergencia

nødstilfælde

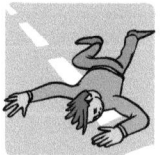

inconsciente

bevidstløs

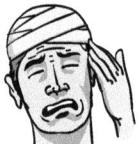

dolor

smerte

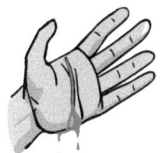

lesión

skade

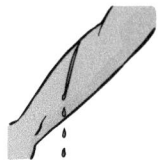

hemorragia

blødning

infarto

hjerteinfarkt

ACV

slagtilfælde

alergia

allergi

tos

hoste

fiebre

feber

gripe

influenza

diarrea

diarré

dolor de cabeza

hovedpine

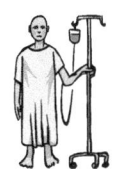

cáncer

kræft

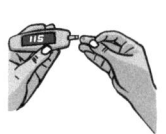

diabetes

diabetes

cirujano

kirurg

bisturí

skalpel

operación

operation

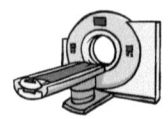

TC

CT

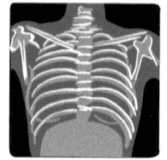

rayos x

røntgen

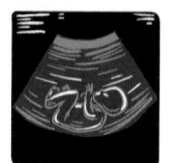

ecografía

ultralyd

barbijo

maske

enfermedad

sygdom

sala de espera

venteværelse

muleta

krykke

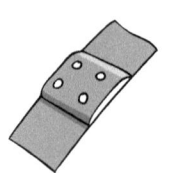

curita

plaster

venda

forbinding

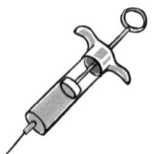

inyección

injektion

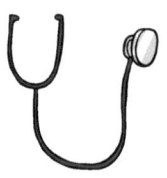

estetoscopio

stetoskop

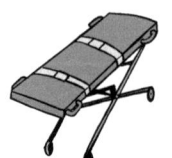

camilla

båre

termómetro

termometer

nacimiento

fødsel

sobrepeso

overvægt

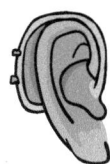

audífono

høreapparat

desinfectante

desinficerende middel

infección

infektion

virus

virus

VIH / SIDA

HIV / AIDS

remedio

medicin

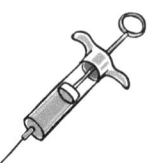

vacunación

vaccination

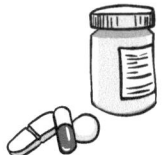

comprimidos

tabletter

pastilla anticonceptiva

pille

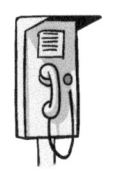

llamada de emergencia

nødopkald

tensiómetro

blodtryksmåler

enfermo / sano

syg / rask

¡Ayuda!

Hjælp!

alarma

alarm

agresión

overfald

ataque

angreb

peligro

fare

salida de emergencia

nødudgang

¡Fuego!

Det brænder!

matafuego

ildslukker

accidente

uheld

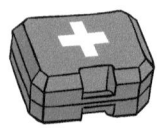

botiquín de primeros
auxilios

førstehjælps-kuffert

SOS

SOS

policía

politi

Europa

Europa

América del Norte

Nordamerika

América del Sur

Sydamerika

África

Afrika

Asia

Asien

Australia

Australien

Atlántico

Atlanterhavet

Pacífico

Stillehavet

Océano Índico

Indiske Ocean

Océano Antártico

Sydlige Ishav

Océano Ártico

Ishav

polo norte

Nordpol

polo sur

Sydpol

Antártida

Antarktis

Tierra

Jorden

tierra

land

mar

hav

isla

ø

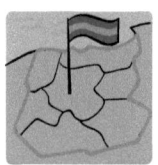

nación

nation

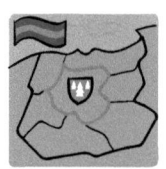

estado

stat

esfera

urskive

manecilla de las horas

timeviser

minutero

minutviser

segundero

sekundviser

¿Qué hora es?

Hvad er klokken?

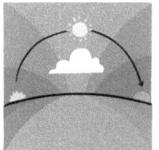

día

dag

hora

tid

ahora

nu

reloj digital

digitalur

minuto

minut

hora

time

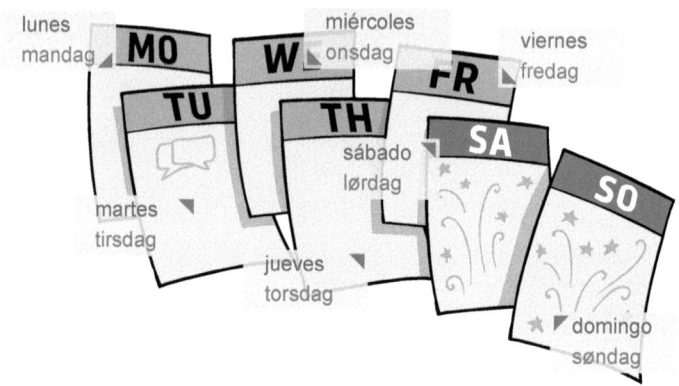

lunes
mandag — MO

miércoles
onsdag — W

viernes
fredag — FR

TU

TH

SA

sábado
lørdag

SO

martes
tirsdag

jueves
torsdag

domingo
søndag

ayer
i går

hoy
i dag

mañana
i morgen

mañana
morgen

mediodía
middag

tarde
aften

MO	TU	WE	TH	FR	SA	SU
1	2	3	4	5	6	7
8	9	10	11	12	13	14
15	16	17	18	19	20	21
22	23	24	25	26	27	28
29	30	31	1	2	3	4

días hábiles
arbejdsdage

MO	TU	WE	TH	FR	SA	SU
1	2	3	4	5	6	7
8	9	10	11	12	13	14
15	16	17	18	19	20	21
22	23	24	25	26	27	28
29	30	31	1	2	3	4

fin de semana
weekend

año

år

lluvia
regn
arco iris
regnbue
viento
vind
nieve
sne
primavera
forår
otoño
efterår
verano
sommer
invierno
vinter

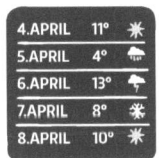

4.APRIL 11°
5.APRIL 4°
6.APRIL 13°
7.APRIL 8°
8.APRIL 10°

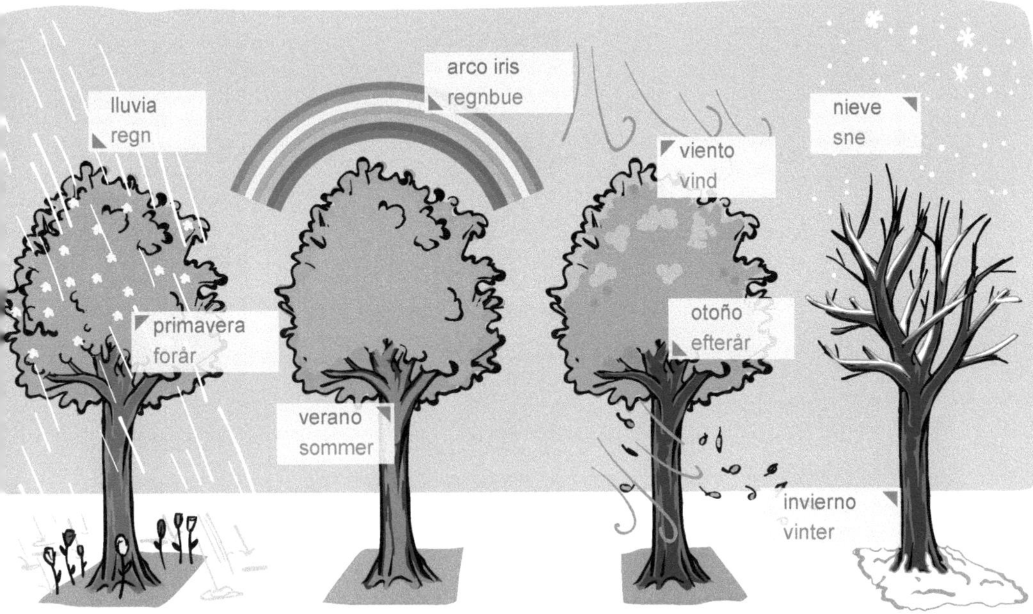

pronóstico meteorológico

vejrudsigt

F
C
120
90
60
30
0
-30
40
30
20
10
0
-10
-20

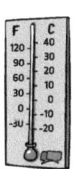

termómetro

termometer

luz del sol

solskin

nube

sky

niebla

tåge

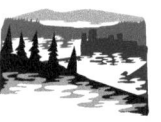

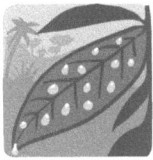

humedad

luftfugtighed

rayo

lyn

trueno

torden

tormenta

storm

granizo

hagl

monzón

monsun

inundación

flod

hielo

is

enero

januar

febrero

februar

marzo

marts

abril

april

mayo

maj

junio

juni

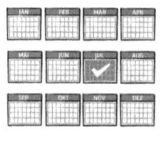

julio

juli

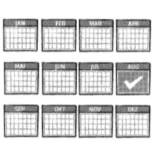

agosto

august

septiembre

september

octubre

oktober

noviembre

november

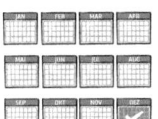

diciembre

december

formas

former

círculo

cirkel

cuadrado

kvadrat

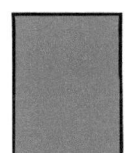

rectángulo

firkant

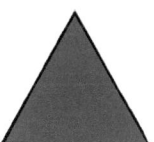

triángulo

trekant

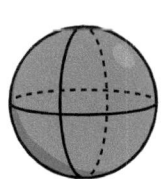

esfera

kugle

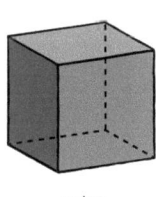

cubo

terning

colores
farver

blanco

hvid

amarillo

gul

naranja

orange

rosa

pink

rojo

rød

violeta

lilla

azul

blå

verde

grøn

marrón

brun

gris

grå

negro

sort

mucho / poco

meget / lidt

enojado / tranquilo

rasende / fredelig

lindo / feo

smuk / grim

principio / fin

begyndelse / slut

grande / chico

stor / lille

claro / oscuro

lys / mørk

hermano / hermana

bror / søster

limpio / sucio

ren / snavset

completo / incompleto

fuldkommen / ufuldkommen

día / noche

dag / nat

muerto / vivo

død / levende

ancho / angosto

bred / smal

comestible / no comestible

spiselig / uspiselig

malo / amable

vred / venlig

entusiasmado / aburrido

ophidset / kedet

gordo / flaco

tyk / tynd

primero / último

først / sidst

amigo / enemigo

ven / fjende

lleno / vacío

fuld / tom

duro / blando

hård / blød

pesado / liviano

tung / let

hambre / sed

sult / tørst

enfermo / sano

syg / rask

ilegal / legal

illegal / legal

inteligente / estúpido

intelligent / dum

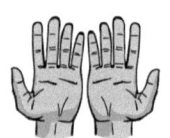

izquierda / derecha

venstre / højre

cerca / lejos

nær / fjern

nuevo / usado

ny / brugt

nada / algo

intet / noget

viejo / joven

gammel / ung

encendido / apagado

tændt / slukket

abierto / cerrado

åben / lukket

silencioso / ruidoso

stille / højt

rico / pobre

rig / fattig

correcto / incorrecto

rigtig / forkert

áspero / suave

ru / glat

triste / contento

ked af det / lykkelig

corto / largo

kort / lang

lento / rápido

langsom / hurtig

mojado / seco

våd / tør

caliente / frío

varm / kold

guerra / paz

krig / fred

0

cero

nul

1

uno

en

2

dos

to

3

tres

tre

4

cuatro

fire

5

cinco

fem

6

seis

seks

7

siete

syv

8

ocho

otte

9

nueve

ni

10

diez

ti

11

once

elleve

12

doce

tolv

13

trece

tretten

14

catorce

fjorten

15

quince

femten

16

dieciséis

seksten

17

diecisiete

sytten

18

dieciocho

atten

19

diecinueve

nitten

20

veinte

tyve

100

cien

hundrede

1.000

mil

tusinde

1.000.000

millón

million

inglés

engelsk

inglés americano

amerikansk engelsk

chino mandarín

kinesisk mandarin

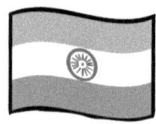

hindi

hindi

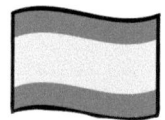

español

spansk

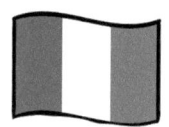

francés

fransk

árabe

arabisk

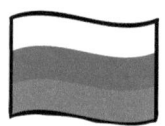

ruso

russisk

portugués

portugisisk

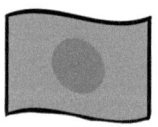

bengalí

bengalsk

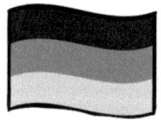

alemán

tysk

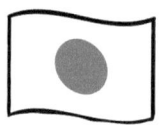

japonés

japansk

yo
jeg

vos
du

él / ella
han / hun / den / det

nosotros
vi

ustedes
I

ellos
de

¿quién?
hvem?

¿qué?
hvad?

¿cómo?
hvordan?

¿dónde?
hvor?

¿cuándo?
hvornår?

nombre
navn

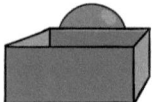

detrás

bag

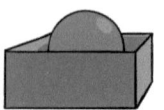

en

i

adelante de

foran

por encima de

over

sobre

på

debajo de

under

al lado de

ved siden af

entre

imellem

lugar

sted